COMPTE

RENDU

AU PEUPLE FRANÇAIS.

COMPTE

RENDU

AU PEUPLE FRANÇAIS,

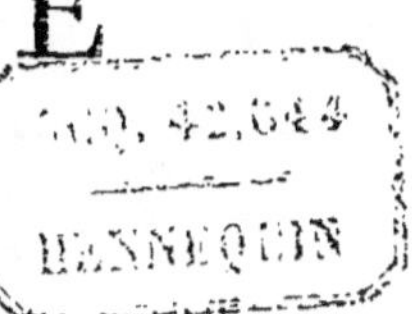

Par le Citoyen MENNESSON,

Député du département des Ardennes à la
Convention nationale de France.

La publicité est la sauve-garde du peuple
et le passe-port de l'homme public.

A PARIS,

DE L'IMPRIMERIE DU JOURNAL DES DÉBATS.

1793.

AVERTISSEMENT.

Lux mea lex.

JE marche seul et je pense par moi-même ; je ne suis d'aucun parti, parce que je veux être impartial : assez d'autres ont flatté le peuple pour servir leurs passions : moi, je vais lui dire la vérité pour son propre intérêt ; je l'aime assez pour risquer de lui déplaire.

Dans tous les temps et chez toutes les nations, la destinée des souverains fut d'avoir des flatteurs : les courtisans des peuples, comme les courtisans des rois ont encensé jusqu'à leurs défauts, et faussement idolâtres de leurs vertus, ils ne leur ont dressé des autels que pour y sacrifier à leur amour propre.

Tel qui rampoit autrefois sur les marches d'un trône ; tel qui portoit orgueilleusement les livrées de l'orgueil monarchique, prend aujourd'hui le masque austère du républicanisme, et feint sous le costume démocrate, d'adorer l'égalité pour mieux servir son ambition, pour nous ramener plus sûrement au despotisme.

Tel qui fonda une société célèbre pour créer un nouveau culte à la liberté ; tel qui porta le bonnet de la liberté dans le temple même de la déesse ; tel qui se fit initier à ses mystères et fut admis parmi ses prêtres, qui, dans le fond, n'étoit qu'un vil Histrion, décoré du manteau civique, et n'affichoit les dehors de la popularité , que pour trahir la cause du peuple.

De nos jours et sous nos yeux, un prince devenu sans-culotte par aristocratie, et ce patriote par égoïsme n'avoit-il pas aussi concouru à ruiner la royauté pour fonder la république et conçu l'espoir de renverser la république pour relever la royauté ? ne l'avons-nous pas vu, vil flagorneur du peuple s'affubler hypocritement du nom *d'égalité*, tandis qu'il aspiroit au pouvoir tyrannique ?

Le moment est venu enfin de juger les hommes et de faire tomber les masques; la triste expérience du passé doit nous être une utile leçon pour l'avenir et la première science d'une nation jalouse de sa liberté. C'est la science des caractères ; malheur au peuple qui ferme l'oreille à la censure et qui redoute le cri de la vérité ! il n'aura que de faux amis, ou plutôt il aura des maîtres, car il a les vices des esclaves.

J'ai promis la vérité ; je la dirai toute entière : j'ai juré de remplir ma mission, aucune tyrannie n'étouffera ma voix ni ma pensée : j'ai fait le serment de fidélité au peuple ; je défendrai jusqu'au tombeau ses droits et son indépendance : je ne connois qu'un seul danger, celui de trahir ses devoirs et de craindre les tyrans : j'adore la liberté et déteste l'anarchie : si ce sont là des crimes, qu'on m'en punisse, je sais mourir.

COMPTE

RENDU

AU PEUPLE FRANÇAIS.

PREMIÈRE PARTIE.

La France étoit esclave ; une grande révolution s'est faite parmi nous ; la France n'est pas libre. Tout a pris une forme nouvelle jusqu'à la tyrannie ; d'où sortons-nous ? du despotisme ; où sommes-nous ? sous le despotisme ; où allons-nous ? au despotisme. La première de ces trois vérités est prouvée par l'histoire de nos malheurs ; la preuve des deux dernières résultera du compte que je vais rendre de nos travaux ; j'entre en matière.

Révolution du 10 août.

Le fardeau de la royauté pesoit depuis quatorze siècles sur le peuple : le peuple depuis quatorze siècles avoit des rois et des fers ; le génie de la liberté qui en 1789 sembloit avoir brisé les uns et triomphé des autres, n'avoit pas tari la source de ses maux, mais il lui avoit donné le sentiment de ses forces; certaines plaies de l'état avoient disparu, mais leur cause étoit devenue plus active; les loix étoient changées, les rois restoient encore.

Un tyran constitutionnel, une démocratie monarchique avoient pris la place de l'ancien despotisme et de l'aristocratie féodale; une liste civile dévorante et corruptrice; une guerre liberticide et sacrilége alloient nous replonger de nouveau dans le néant de la servitude; impatient de toujours souffrir, indigné de se voir trahi sans cesse, le peuple se lève une seconde fois contre ses oppresseurs : il lance la foudre sur le trône et le trône disparoît.

Cette grande victoire sur le despotisme éclaira le peuple Français; il découvrit l'abyme profond que le machiavélisme avoit creusé sous ses pas : elle acheva de déchirer le bandeau funeste qui lui avoit fermé les yeux; l'hypocrisie de la cour fut demasquée; la conspiration du tyran fut découverte : Louis est renfermé au temple; le dogme absurde de l'inviolabilité tombe enfin devant la loi suprême du salut public.

Durant toute cette tempête politique, quelques hommes sages et courageux avoient habilement saisi le gouvernail et dirigeoient de concert le vaisseau de l'état vers le port, tandis que de faux pilotes au contraire cherchoient à s'en emparer à la faveur du trouble, et s'efforçoient de tourner à leur profit les mouvemens du peuple insurgent. De-là l'origine d'une nouvelle guerre entre l'ambition et le patriotisme, entre le crime et la vertu; guerre terrible, guerre fatale à la chose publique, dont les effets durent encore. Nous aurons occasion d'en parler dans la suite.

Epoque du 2 septembre.

La chûte du dernier tyran devoit être le triomphe de la liberté; elle fut celui d'une tyrannie nouvelle, elle fut celui de l'anarchie; à la glorieuse journée du 10 août succéda bientôt l'horrible journée du 2 septembre, et tandis que la ligue des brigands étrangers envahissoit nos frontières, la horde des brigands de l'intérieur assassinoit dans les prisons : le sang couloit à la fois dans les plaines de la Champagne et dans les rues de la capitale ; la Seine rouloit des cadavres lorsque l'incendie dévoroit nos villes.

4

Au milieu de cette lutte homicide, au milieu de ce combat de férocité, les autorités constituées gardoient un morne silence : Paris lui-même gardoit une contenance taciturne ; l'anarchie levoit librement sa tête hideuse au-dessus des lois et comme la tête de Méduse portoit l'effroi dans tous les cœurs. Quelques hommes perdus de dettes et couverts de crimes dressoient les tables de proscriptions et dirigeoient le glaive des assassins ; la vengeance prononçoit les arrêts de mort et l'avarice confisquoit les biens des proscrits.

L'insurrection du 10 août étoit un acte légitime de résistance à l'oppression, un mouvement libre et spontané du peuple, aigri par le malheur et pressuré par la tyrannie. L'expédition du 2 septembre étoit l'œuvre coupable d'une faction ambitieuse et désorganisatrice, le crime réfléchi d'une poignée de scélérats intrigans qui marchoit au pouvoir arbitraire par les routes sanglantes de l'anarchie ; les preuves s'élèvent en foule pour dénoncer les auteurs de ce grand attentat, et leurs noms seront tracés en lettres de sang sur les pages de l'histoire.

Tandis que ces scènes se passoient dans la capitale, les départemens étoient travaillés par des émissaires ; une circulaire expédiée par une commune antropophage les invitoit fraternellement à se souiller des mêmes forfaits, et appelloit le signal de la guerre civile dans tout l'empire ; heureusement leur espoir criminel fut trompé ; la raison publique triompha de leurs efforts, et un cri universel d'indignation les avertit que tôt ou tard la justice nationale seroit vengée ; car le règne des monstres n'a qu'un temps et la colère des peuples est inévitable.

Situation de la France.

Cependant l'ennemi s'avançoit à grands pas vers Châlons : déja les villes de Lonwy et de Verdun étoient tombées en son pouvoir : l'incendie et le pillage dévastoient nos campagnes ; d'horribles trahisons avoient jeté le désordre parmi nos troupes ; nos armées incomplétes ou désorganisées étoient hors d'état de se mesurer avec avantage ; l'équipement et la discipline manquoient encore à nos braves volontaires : la plupart de nos places étoient à la fois dépourvues d'hommes et de munitions ; tout sembloit conspirer en même temps contre notre liberté naissante ; tout sembloit entraîner la France dans l'abîme de son ancienne servitude ; il falloit un miracle pour la sauver, il arriva.

A cette même époque et au plus fort de l'orage, le peuple Français dans une attitude fière et tranquille, le peuple Français, l'épée dans une main et la loi dans l'autre, se formoit, se convoquoit en assemblées primaires pour se choisir des Représentans, tandis qu'il arrêtoit par une prudence courageuse les progrès rapides de ses ennemis ; ce fut au bruit des canons de Brunswick et en présence de deux rois conjurés que la souveraineté du peuple Français reçut son plus bel hommage, et que la majesté d'une grande nation parut dans tout son éclat. Jamais spectacle plus imposant ni plus auguste n'avoit paru sur la terre.

La Convention nationale est formée ; réunie au palais national des Tuileries, dans l'ancienne demeure du dernier roi des Français, elle s'organise et reçoit les hommages de l'Assemblée législative qui lui remet le dépôt des destinées de l'empire : elle la remplace et s'avance au milieu des acclamations d'un peuple immense vers le temple où se réunissent tous les vœux, toutes les espérances de la patrie : tout annonce l'alégresse et la confiance sur son passage ; tout présente l'image riante du bonheur, sa marche est un triomphe : la séance s'ouvre.

Naissance de la République.

Cette séance, la plus mémorable de toutes celles qui ont signalé jusqu'à ce jour notre existence politique, puisqu'elle nous délivra du fléau de la royauté ; cette séance fera époque dans les annales de notre révolution ; elle marquera l'origine d'une ère nouvelle pour la France ; elle deviendra un titre de gloire immortel pour la Convention (si la Convention a le bonheur de conserver son ouvrage) la postérité lui tiendra compte de son dévouement et de son patriotisme ; elle se souviendra avec attendrissement que ce fut au moment de l'invasion d'un ennemi redoutable et à la distance de 40 lieues de son armée, que par un élan sublime et d'une voix unanime elle proclama aux yeux de l'Europe étonnée l'indépendance des peuples et l'abolition des rois.

Après avoir jeté d'une main hardie les fondemens de la République sur les ruines de la monarchie, la Convention consacra le grand principe de la sanction populaire, elle reconnut l'intervention du souverain, comme base nécessaire du contrat constitutionnel qu'elle alloit donner à la France, elle fit plus encore : elle venoit d'abattre le monstre du despotisme ; le monstre de l'anarchie lui restoit à combattre ; elle l'enchaîna : elle mit sous la sauve-garde de la nation et sous l'égide sacrée des lois, les personnes et les propriétés : par cette sage garantie, par ce lien conservateur, d'une part, elle mit fin aux alarmes, elle rappella la confiance dans l'ame du citoyen paisible ; de l'autre elle mit un terme à la vengeance, elle opposa une barrière respectable aux entreprises d'un peuple irrité.

Le début de la Convention fut digne de la grandeur du peuple Français : le peuple Français applaudit à la mâle sagesse de ses Représentans : les décrets rendus dans cette séance solemnelle avoient à peine retenti dans toute la France, et déja la France entière y répondoit par de nombreuses adhésions : la nation fut électrisée, la flamme du patriotisme se ranima dans tous les cœurs ; l'enthousiasme de la vertu républicaine éleva toutes les ames au niveau des circonstances, les plus sublimes sacrifices ne coutèrent plus ; ils naquirent naturellement des plus nobles sentimens : chacun voulut concourir à l'honneur de sauver la patrie ; chacun voulut participer à la gloire de porter les premiers coups à l'ennemi ; des nuées de défenseurs se présentent et se portent aux frontières : une armée citoyenne est formée.

Ce beau mouvement sauva la France ; celui de l'ennemi se ralentit : la terreur qu'il vouloit inspirer à la grande famille des hommes libres passa dans l'ame stupide des esclaves de l'Autriche : investi de toutes parts, harcelé par l'ardeur de nos troupes, déconcerté par un homme qui depuis..... mais alors il sembloit servir son pays. L'ennemi comprit enfin qu'il s'étoit beaucoup trop avancé, et il temporisa ; bientôt il sentit qu'il étoit tems de se retirer, et il négocia : Dumouriez eut des conférences secrètes avec les officiers généraux des deux rois alliés : le résultat de ces conférences est encore un problême pour la nation Française ; mais ce qu'il y a de bien constant, c'est que Brunswick abandonna son entreprise et prépara sa retraite : en attendant il devint stationnaire.

Division dans l'assemblée.

Un seul jour avoit suffi pour opérer tant de prodiges réunis : une seule séance avoit préparé le bonheur de plusieurs siècles : l'esprit public étoit alors à toute sa hauteur ; la convention elle-même jouissoit de sa puissance : le génie de la France sembloit la présider : il sembloit dominer au sénat et commander à l'armée ; la France étoit heureuse, la patrie étoit libre : un génie malfaisant, un démon jaloux de la gloire des Français, vint tout-à-coup secouer sur nous les torches étincelantes de la discorde : dès ce moment notre horison s'obscurcit : toutes les furies, toutes les passions nous agiterent à la fois, et le temple de la liberté devint une arène de gladiateurs. O France ! ô ma patrie !

je n'ai parlé encore que d'une séance de tes représentans, et j'ai déja fait l'histoire de ton bonheur !....

Un philosophe illustre a dit quelque part dans ses écrits : donnez-moi de la matière et du mouvement, et je vais vous créer un monde : ne pourrions-nous pas dire aussi avec autant de vérité et une égale assurance : accordez-nous l'opinion et la liberté, et nous allons gouverner l'univers? Telle est en effet la puissance morale de l'opinion ; telle est la force de son action sur un peuple indépendant et libre, qu'avec ce seul levier le législateur est en état de faire mouvoir à son gré toutes les parties d'un vaste empire ; telle est en même-tems l'impuissance fatale à laquelle le réduit la privation de ce ressort unique et nécessaire, qu'avec la plus haute sagesse, il n'est pas même capable de gouverner une ville : ce que je vais dire, sera la preuve démonstrative de cette proposition : ce que je viens de poser en principe, je vais l'établir par des exemples.

Avant de passer à l'exposition des faits qui nous ont amené à l'état actuel des choses, j'ai besoin de jetter en avant quelque lumière sur le caractère des individus qui agitent le corps représentatif de la nation ; cette connoissance préliminaire

ne

ne sera pas perdue pour l'observateur éclairé et pour
l'homme qui fait une étude du cœur humain ; car
dans le monde politique comme dans l'univers
physique, la liaison et l'enchaînement des effets
aux causes est un ordre nécessaire, une conséquence
invariable des lois naturelles. Ouvrez l'histoire,
parcourez le globe et vous verrez que depuis l'origine des sociétés humaines, cette loi constante de
la nature ne s'est pas une seule fois démentie ; vous
verrez que par-tout le bonheur ou le malheur des
peuples. La sagesse ou l'immoralité des lois, l'austérité ou la dépravation des mœurs, ont toujours
immédiatement dérivé des vertus ou des vices,
des préjugés ou des lumières, de la prudence ou
de la folie des législateurs.

La Convention, formée de l'agrégation de délé-
gués choisis par les 85 départemens de la république et composée de 745 individus qui ont joué
un rôle plus ou moins actif, plus ou moins utile
sur la scène orageuse de cette révolution, renferme
malheureusement aussi, dans sa constitution, le
germe de toutes les fermentations qui la tourmen-
tent, qui la consument et qui la dévorent depuis
le premier jour de son existence ; des élémens essentiellement ennemis, discordans, contradictoires qui
ne peuvent souffrir entre eux aucune espèce de con-

tact, qui n'ont aucun point commun d'adhérence, et qui résistent invinciblement à l'amalgame : de là des chocs violens, des mouvemens convulsifs, des agitations sans cesse renaissantes : de là le dépérissement graduel des principes, la dissolution morale et progressive du corps représentatif, le bouleversement inévitable et prochain de tout le système social et politique, si la main toute-puissante du souverain ne ferme enfin l'abyme qui s'entr'ouvre.... et ne replonge dans le néant de leur premier être.....

Signalement des factieux.

Quelques hommes d'une immoralité profonde, quelques hommes couverts de boue, de sang et de crimes, dont le nom seul est devenu une injure pour leurs contemporains et ne passera à la postérité que comme celui de ce grec ambitieux et fanatique qui devint célèbre pour avoir incendié un temple; quelques hommes, dis-je, ont apporté dans le sein de l'Assemblée conventionnelle cet esprit de vertige et de scélératesse qui les avoit inspirés dans les expéditions sanglantes du 2 septembre et dans les mensonges périodiques qu'ils faisoient journellement distribuer au peuple; ils y ont apporté cette vile et basse hypocrisie, cette lâcheté d'ame et de caractère qui leur à toujours fait immoler à une fausse réputation de popularité, les véritables intérêts de leur patrie ; pantomimes de la foire, patriotes de théâtre, qui, s'ils passoient une seule séance sans respirer l'odeur grossière de l'encens qu'ils reçoivent, des applaudisseurs à gages des tribunes en échange des salaires qu'ils leur donnent, diroient, comme certain empereur, en rentrant chez eux : *j'ai perdu ma journée.*

Ce sont ces mêmes hommes qui, dès les premiers jours de notre réunion en Convention nationale, se qualifièrent orgueilleusement eux - mêmes d'hommes du 2 septembre (qualification du reste que notre justice n'entreprendra pas de leur contester ;) ce sont, dis-je, ces mêmes hommes qu'on voit sans cesse agités d'une ombrageuse manie, travaillés d'une humeur sombre et souterraine, possédés du démon de la calomnie et qui sans cesse acharnés sur les talens et les vertus dont leur orgueil et leur nullité se trouvent offensés, s'appliquent à lancer sans cesse le sarcasme et l'injure contre les plus zélés défenseurs du peuple, dont ils se disent seuls les amis, dont ils égarent l'opinion et appellent la vengeance ; ce sont eux qui s'occuppent à verser sans cesse le fiel amer de l'ironie, le venin corrosif de la haine et de la rage jalouse qui les dévore, sur des noms irréprochables et purs, dont l'éclat importune et blesse leurs yeux malades. Semblables

B 2

à ces oiseaux nocturnes, qui ne tirent leur nourriture que de la chair des cadavres, ils ne veulent avoir d'existence que sur le tombeau des réputations.

Tels étoient les hommes avec lesquels nous étions appelés par le choix libre de nos commettans à former cette Convention nationale qui devoit enfin s'occuper du grand œuvre de la félicité publique ; qui devoit opérer leur bonheur et leur indépendance, l'indépendance et le bonheur de leur postérité : tels étoient ceux avec lesquels nous devions concourir à la régénération des mœurs françaises et à l'établissement de lois sages et bienfaisantes, pour la durée des siècles et des générations ; tels étoient ceux avec lesquels nous devions nous réunir et nous entendre pour combattre à-la-fois le despotisme et l'anarchie, ces deux fléaux éternels des droits de l'homme et des empires ; tels étoient ceux enfin avec lesquels nous devions élever sur les bases immuables de la liberté et de l'égalité, la première constitution populaire que la philosophie ait dictée aux peuples et fonder en même-temps sur les préceptes sublimes de la nature et de la vérité, la première éducation nationale qui ait été conseillée aux hommes par la raison universelle

La Convention, comme je l'ai dit, fût grande pendant un jour et ce fut ce jour-là qui sauva la patrie ; ce fut lui qui reveilla le courage des Français et qui arrêta l'invasion de nos ennemis : ce fut lui encore qui décida la victoire sur le royalisme et qui acheva le desespoir de l'aristocratie, la Convention qui a décreté l'unité de la République, à mis ce jour-là la liberté sur le trône et le despotisme au tombeau : elle à fait plus, elle à récrée l'univers moral ; elle a tiré du chaos tous les élémens du monde politique, elle à fait jaillir du sein des ténèbres la lumière qui doit un jour éclairer le genre humain : le phare de la révolution qui domine aujourd'hui sur la France, ne cessera jamais de luire sous l'horison, jamais il ne pourra s'eteindre : il peut être obscurci par un nuage, il peut éprouver une éclipse, mais il ne finira plus, il est éternel.

Intention des partis.

À peine l'Assemblée conventionnelle s'étoit-elle organisée; à peine avoit-elle posé la première pierre de la République indivisible, et porté ses premiers regards sur les besoins de ce vaste empire qu'elle sentit, qu'elle reconnût la nécessité d'assurer sa propre indépendance cet unique gage de l'indépendance nationale et qu'elle fixa son attention sur les moyens de ramener l'ordre public, le règne paisible des lois, le libre cours de la justice, au sein de cette ville immense que le fléau de l'anarchie, le silence des autorités constituées, l'impuissance funeste des tribunaux, le souvenir encore récent des scènes de septembre, et par-dessus tout cela, la présence et l'impunité des principaux auteurs de ce déplorable événement, rendoient alors un séjour peu sûr pour les étrangers, pour ses propres habitans, et pour la Représentation nationale elle-même, qui appercevoit encore autour d'elle un reste d'inquiétude et le danger de nouvelles proscriptions : elle ordonna donc, elle voulut qu'on lui rendît compte de la situation de Paris et elle nomma des commissaires pour le lui rendre : ce compte est encore attendu.

Dans ce même temps, le ministre de l'intérieur appelé dans le sein de la Convention nationale, lui présente le trop véridique tableau de cette situation ; la franchise et l'austérité de son caractère s'élèvent au-dessus de toutes les petites considérations ; il marche d'un pas ferme au grand intérêt national, démasque avec courage de grands conspirateurs et déchire sans ménagement le voile qui couvroit encore leurs horribles complots : l'explosion de la lumière fut terrible ; elle fut un coup de foudre pour les anarchistes ; une grande scission éclata dès-lors dans le sein de la Convention : les amis de l'ordre et des lois se prononcèrent ; les fauteurs du désordre et de la licence se réunirent ; retranchés sur la montagne , (autrefois le séjour des patriotes) ils lancèrent sur la majorité leurs traits empoisonnés ; ils l'accusèrent de vouloir immoler le patriotisme , de faire le procès à la révolution , de calomnier la ville de Paris , de favoriser l'aristocratie , le modérantisme , le fédéralisme : les épithètes de Feuillans , de royalistes , de contre - révolutionnaires nous furent prodiguées ; les noms de Girondistes , de Brissotins , de Rolandistes prirent naissance ; pour cacher un parti réel , on imagina d'en créer plusieurs : ce compte en un mot fut la boîte de Pandore , d'où sortirent à-la-fois tous les maux.

Notre courage et notre civisme nous restoient : nous ne nous souvînmes que de nos sermens : nous ne vîmes au milieu de cette tempête que la patrie , nos mandats et les vœux de nos commettans : nous méprisâmes les injures , nous bravâmes les menaces et les conspirateurs ; nous affrontâmes à-la-fois et le stilet de la calomnie et le glaive des proscriptions : en un mot, nous nous dévouâmes tout entiers au triomphe de la liberté ou à la mort. La Convention, forte de sa vertu , n'apperçut dans cette révolte de la minorité que la résistance naturelle du crime à l'action redoutable des lois et le courage de la honte luttant contre le cours de la justice ; elle fut inflexible comme les principes et persuadée qu'il n'existe point de République sans mœurs, sans garantie sociale, elle rendit à une grande majorité le fameux décret qui charge six de ses membres de lui présenter un projet de loi contre les provocateurs au trouble, au meurtre ou au pillage et de lui rendre compte des moyens de donner à la Représentation nationale, une force publique à sa disposition qui seroit prise dans les 83 départemens. Ici commence un nouveau système de calomnie que nous verrons se développer et s'agrandir encore avec le temps ; car elle fut, elle est, elle sera toujours l'arme favorite de ceux qui se sont prémunis contre elle.

Système de calomnies

On connoît tous les efforts des agitateurs ; on connoît tous les vils ressorts que l'intrigue fit jouer alors pour égarer l'opinion sur le compte des députés intègres qui avoient provoqué cette grande mesure et sur les vrais motifs de la Convention nationale elle-même qui en avoit décrété l'adoption aucune manœuvre ne fut oubliée pour empoisonner l'esprit public ; motions, libelles, émissaires, tout

fut mis en usage : tous ceux qui dès-lors avoient
conçu le projet d'arriver au despotisme par l'anarchie,
et d'établir leur puissance dictatoriale sur l'avilissement des pouvoirs légitimes, affectèrent de nous présenter à la France entière comme d'infidèles mandataires qui vouloient s'ériger en tyrans, envahir
l'autorité nationale et usurper les droits de leurs
commettans : d'autres plus habiles, plus ingénieux
dans leurs inventions calomnieuses, nous désigné-
rent à la ville de Paris, comme des partisans secrets
du fédéralisme, qui vouloient se ménager les moyens
de transférer ailleurs le siége de la Convention et
qui redoutant le véto ou la résistance d'une ville
imposante par ses lumières et par sa population,
vouloient se mettre en force pour l'exécution de ce
plan liberticide; en un mot, ils nous peignirent
d'après leur ame et nous parûmes des hommes affreux.

A la vérité, cette mesure extraordinaire n'étoit
pas sans inconvénient; utile, nécessaire même dans
un temps révolutionnaire, et entourée de toutes les
précautions politiques qui pouvoient en prevenir le
danger, elle pouvoit devenir nuisible dans un temps
plus éloigné, confiée en des mains inciviques et
créé pour maintenir la liberté, elle pouvoit tourner
contre la liberté elle-même, elle pouvoit conduire à

l'établissement du despotisme , dont elle tendoit à prévenir le retour ; elle pouvoit même devenir une arme terrible dans la main des factieux , être égarée , séduite ou corrompue par leurs manœuvres perfides et tromper sa légitime destination , en servant aveuglément leurs horribles complots contre la Convention nationale elle-même : je dirai plus, elle répugnoit à la nature du gouvernement républicain et aux maximes ordinaires de notre législation politique ; et par une fatalité qui fait notre désespoir, elle étoit à la fois commandée par les circonstances et combattue par les principes , aussi beaucoup de bons citoyens persuadés que la confiance nationale devoit être la seule force publique des législateurs et oubliant leurs propres dangers pour ne voir que ces principes de tous les temps, combattirent généreusement cette mesure et servirent les projets des anarchistes , en croyant ne servir que leur pays.

Moi-même, et j'en demande pardon à mes commettans , moi-même je fermai les yeux sur ces circonstances et je plaidai aussi la cause des maximes républicaines contre les intérêts de la république même : n'écoutant alors que le pur enthousiasme de la liberté, le noble orgueil du patriotisme et cette haîne profonde de la tyrannie que j'ai toujours nourrie dans mon cœur, et qui n'en sortira qu'avec le souffle de la vie, je m'élevai de toutes mes forces contre la proposition de cette mesure; j'écrivis avec toute l'énergie de mon ame pour la combattre et persuadé que le législateur doit s'isoler du moment et travailler pour les siècles, je perdis de vue les exceptions pour ne voir que les principes; j'oubliai les accidens pour m'en tenir aux conséquences; et comme ces amans jaloux qui maltraitent et persécutent leur maîtresse par l'excès même de leur passion, l'ivresse ombrageuse et jalouse de la liberté me rendit complice du coup funeste qu'elle reçut alors. Insensé que j'étois! je repoussois la main qui vouloit la servir, au lieu de concourir à son salut et j'oubliois la convention et tous ses dangers, comme si le péril de la représentation nationale n'étoit pas aussi l'écueil de la liberté publique et le péril de la nation toute entière! Mais, certes, j'étois loin de prévoir tout ce que j'ai déjà vu depuis et tout ce que je prévois encore : alors la nuit du 10 mars n'étoit pas encore arrivée, la conspiration n'étoit pas découverte.

Mesures de précaution.

Il ne suffisoit pas à la Convention d'avoir pris ces mesures contre le fléau de l'anarchie, contre

les fauteurs du désordre et de la licence ; il ne lu
suffisoit pas d'avoir cherché les moyens d'assurer
son indépendance et d'établir la liberté de ses dé-
liberations ; il falloit encore prendre de nouvelles
précautions contre le retour du despotisme et les
partisans secrets du pouvoir arbitraire ; il falloit
donner un nouveau frein à leur ambition et porter
une loi sévère contre les amis connus de la dictature . des voix liberticides s'étoient fait entendre ;
des projets ambitieux avoient été formés , des libelles insidieux avoient été repandus ; l'opinion publique étoit travaillée dans tous les sens et une faction
désorganisatrice dominoit au milieu de nous : nous
crûmes dès-lors appercevoir dans le sein de la Convention un parti qui menaçoit la liberté naissante ,
et qui , sous le masque d'un patriotisme apparent ,
aspiroit à une domination véritable ; qui méditoit
la subversion du pouvoir national pour arriver au
pouvoir tyrannique , et qui parlant toujours au nom
du peuple , machinoit dans l'ombre pour lui donner
un maître. La Convention sentit qu'il lui restoit
encore un grand devoir à remplir : elle rendit un
second décret par lequel elle consacra comme principe constitutionnel , l'unité de représentation nationale , l'unité d'action exécutive et prononça la
peine de mort contre quiconque proposeroit la
dictature, le triumvirat , le tribunat ou tout autre

pouvoir destructif de l'indépendance et de la souveraineté du peuple.

Plaçons le peuple lui-même au milieu des circonstances où se trouvoit alors la Convention nationale ; qu'il pèse ces circonstances et qu'il juge
ses représentans : la Convention qui venoit de fonder la république, voyoit au milieu d'elle un prince
du sang royal ; la Convention n'ignoroit pas par
quelles indignes manœuvres cet homme avoit pris
place parmi ses membres ; elle n'ignoroit pas la
source impure de laquelle émanoient ses pouvoirs,
l'immoralité des agens qui avoient concouru à cu
élection, l'influence criminelle de ces mêmes agens
sur les électeurs, le despotisme dictatorial de l'un
d'eux dans les assemblées ; elle n'ignoroit pas, elle
savoit que, depuis l'époque du 10 août, le despotisme de la cour avoit fait place au despotisme de
la peur, que 10 à 20 tyrans avoient partagé les
dépouilles et succédé à la tyrannie d'un seul, et que
leur volonté dans les sections faisoit la loi à toutes
les volontés ; elle savoit que, depuis l'époque du
2 septembre, ces mêmes sections abandonnées aux
intrigans avoient été désertées par les citoyens ;
que le choix de certains députés à la Convention
avoit été leur ouvrage, et que celui d'Orléans en
particulier étoit amorcé. Ainsi leur élection même

étoit un premier acte de souveraineté et ces nouveaux souverains pouvoient dire, comme disoient les rois, qu'ils ne tenoient leur couronne que *de Dieu et de leur épée.* (*)

(*) Comme l'impartialité est la vertu de l'histoire; comme il est sur-tout du devoir d'un législateur de se tenir en garde contre les préjugés de son siècle et de résister même quelquefois à l'opinion dominante et universelle, j'avoue que pour mon compte personnel, et persuadé, comme je le suis, du mérite prépondérant, des talens rares et précieux, des vertus réelles et solides, et des moyens physiques et pécuniaires de ce candidat intéressant et vraiment essentiel, connu d'ailleurs par sa haine généreuse contre les rois et par d'immenses services rendus à la révolution, je suis loin de partager ces injustes préventions, excitées sans doute par le feuillantisme et l'aristocratie, pour calomnier la pureté des principes ou des sentimens des patriotes et des républicains par excellence; et que sans m'arrêter aux causes secondes que la providence met en usage pour opérer de si hautes merveilles, j'avoue dis-je, que lorsque je vis à mon arrivée ici un prince du sang royal introduit dans le sénat de la République française, je ne pus m'empêcher d'admirer les décrets de cette grande et belle providence qui préside aux révolutions des empires et qui dispose ainsi toutes choses dans son éternelle sagesse pour le plus grand bien de l'humanité en général, et pour le triomphe de notre sainte liberté en particulier : mais ou je reconnus sur-tout le sublime désintéressement, la force du patriotisme, et le coup de la grace qui agissoit puissamment sur le cœur de notre humble et vertueux collègue, ce fut de lui voir rendre un

Triomphe de nos armes.

Tandis que l'assemblée conventionnelle faisoit la guerre aux tyrans de l'intérieur, l'armée françoise donnoit la chasse aux esclaves de l'Autriche ; tandis qu'une secte anarchique livroit des attaques continuelles aux représentans du peuple et entravoit, par ses manœuvres, les délibérations du corps législatif, le conseil exécutif provisoire lui rendoit compte des mouvemens rétogrades de l'armée contre-révolutionaire de Brunswick et d'une ouverture de négociation faite au général Dumouriez de la part du roi de Prusse. On connoît la réponse énergique et républicaine du conseil à ces propositions ; on connoit l'approbation unanime et prononcée dont cette réponse fut couverte à l'assemblée ; on connoît l'heureuse et subite influence de cette contenance noble et courageuse d'un peuple libre sur les dispositions des deux rois alliés, la retraite immédiate

---

hommage éclatant et sur-tout sincère au dogme populaire et tyrannicide de l'égalité primitive : monseigneur étoit devenu sans-culottes ; il se nommoit *Égalité.* O altitudo !..... D'après cette profession de foi politique (qui n'est pas équivoque) j'espère qu'on ne m'accusera pas ici d'impiété et qu'en levant avec respect un coin du voile qui couvre cet ineffable mystère, on voudra bien pardonner à ma curiosité en faveur de ma franchise : je suis Républicain ; je dois dire la vérité.

et simultanée de leurs armées combinées hors du territoire de la république, l'évacuation des villes de Longwy et de Verdun, livrées a ses ennemis par la trahison, la protection accordée à la suite de Guillaume et de François, par le général en chef, et enfin le triomphe et la gloire des armes françaises, la délivrance et la joie du peuple françois. Tous ces faits appartiennent à l'histoire de la liberté et en feront un jour le plus bel ornement.

Au moment même où l'ennemi en désordre et poursuivi par l'armée du nord, quittoit le sol de l'indépendance pour se précipiter dans la Belgique, l'armée des Alpes, commandée par Montesquiou, entroit victorieuse dans la Savoie et chassoit précipitamment devant elle les trouppes piémontaises du roi de Sardaigne : déjà les châteaux de Bellegarde, des Marches et d'Apremont étoient en son pouvoir; déjà la ville de Montmelian lui ouvroit ses portes et recevoit nos guerriers en libérateurs ; déjà l'étendard tricolor flottoit par-tout sur cette terre esclave et l'arbre de la révolution, planté sur le Mont-Blanc, annonçoit au peuple savoisien que bientôt la conquête de la liberté s'étendroit jusqu'aux bords du lac de Genève. Ainsi tandis que les puissances de l'Europe conjurée vomissoient leurs satellites sur le sol de la république françoise, la

France

France républicaine répandoit ses soldats citoyens, chez les peuples opprimés par le despotisme ; et lorsque le démon de la tyrannie conspiroit pour nous replonger dans l'abyme de l'esclavage, le génie puissant de la liberté repoussoit d'une main les nouveaux fers que la ligue des rois nous présentoit et brisoit de l'autre les liens antiques qui enchaînoient ces peuples au trône de leurs tyrans.

Ainsi la France naguères menacée, étoit alors elle-même menaçante et reportoit dans l'ame de ses vils ennemis l'épouvante qu'ils vouloient jeter dans le cœur de ses braves défenseurs. Car, tandis qu'au nord de la république, l'armée prussienne chassée par Dumouriez se jetoit hors de nos frontières, tandis qu'au midi l'armée de Montesquiou faisoit grâvir les monts aux trouppes piémontaises, Custine sur les bords du Rhin, triomphoit des forces de l'Autriche et noyoit dans ce fleuve une partie de l'armée Mayençoise, tandis qu'il délogeoit le reste de la ville de Spire, dont la valeur française venoit de s'ouvrir les portes. Cette nouvelle victoire, l'une des plus complètes et des plus décisives de cette campagne, avoit ce double avantage, qu'elle nous rendoit maîtres d'une des principales clefs de l'Allemagne et qu'elle éloignoit le théâtre de la guerre de nos départemens du Rhin. Posesseur d'une place

Première partie. C

importante , d'immenses approvisionnemens et d'une forte artillerie , abandonnés par l'ennemi , le nouveau vainqueur envoie au sénat de la République cinq drapeaux et deux étendards pris dans cette journée mémorable ; cet hommage de l'armée victorieuse est reçu au milieu des plus vifs applaudissemens , et la Convention nationale décrète que ces trophées , gage de sa valeur et de ses succès , seront suspendus aux voûtes du temple de la liberté.

Essor de l'esprit public.

La Convention avoit alors devant elle un spectacle bien imposant ; l'image sublime de la liberté triomphante : elle recevoit alors la couronne civique que lui avoient méritée ses premiers travaux ; elle voyoit la France marcher de victoire en victoire ; elle voyoit la gloire du nom Français célébrée par tous les peuples ; tous les peuples tendre les bras à nos guerriers républicains : il sembloit, pour me servir de l'heureuse expression d'un de ses commissaires, il sembloit que du moment où la République avoit été reconnue , le ciel et la terre s'étoient entièrement déclarés pour nous. Un tableau plus touchant encore , plus délicieux pour un cœur citoyen , et non moins sublime dans la pensée du législateur, c'étoit de voir ce grand et rapide essor de l'esprit public dans ces premiers momens de prospérité nationale , cette foule d'adresses recon-

noissantes et civiques qui lui arrivoient de tous les départemens, cette multitude de dons patriotiques et
généreux qui couvroient ses bureaux; c'etoit de voir
cette brillante et courageuse jeunesse, accourant de
toutes les parties de l'empire et brûlant de voler
sur nos frontières à la défense de la patrie, jurer
sur l'autel de la liberté le maintien des droits de
l'homme et de la souveraineté du peuple et defiler
en armes en présence des fondateurs de la République, au bruit des tambours et des instrumens
guerriers. O vertueuse France ! France invincible !
si tous tes enfans avoient une ame pour t'aimer et
des bras pour te servir !

Sans doute, et il faut bien qu'il en soit ainsi,
sans doute il est des monstres dans l'ordre moral,
comme il en est dans l'ordre physique ; sans
doute il est des tigres à figure humaine, des hommes sans entrailles, qui, privés de toute moralité
et aveuglés par leurs brutales passions, sont inac-
cessibles aux charmes du sentiment, comme ces
êtres malheureux, dont les yeux privés de la lumière sont fermés aux beautés de la nature, et dont
l'ame reste insensible aux jouissances qu'elle porte
au cœur des autres hommes; vrais animaux luci-
fuges qui se plaisent dans les ténèbres et qui sem-
blent redouter la gloire de leur patrie, comme les

chauve-souris et les hiboux redoutent les rayons du soleil ; chenilles vénimeuses qui rampent sur la terre pour en dévorer les fruits, et qui ne s'attachent à l'arbre de la liberté que pour en dèshonorer les branches, en les dépouillant du feuillage qui nous prête son ombre salutaire. Ames de fiel et de boue ! quand cesserez-vous donc de vous traîner dans la fange du crime et de l'égoïsme ? quand cesserez-vous de vous affliger du bonheur des hommes, de vous abreuver de leurs sueurs, de leurs larmes et de leur sang ? Si vous n'êtes plus sensibles aux malheurs du peuple, ah ! craignez du moins sa vengeance.

Efforts de l'intrigue.

La France étoit heureuse par ses victoires ; la France triomphoit de ses ennemis extérieurs ; et la Convention nationale étoit encore déchirée par des dissentions : cette ville étoit agitée par de nouveaux troubles ; les ennemis de l'intérieur toujours occupés de leurs projets ambitieux et de leur systême d'agrandissement, ne cessoient de renouer le fil de leurs criminelles intrigues et de livrer chaque jour de nouvelles attaques à la chose publique ; ils ne cessoient d'inquiéter le peuple par leurs émissaires, d'égarer la marche des autorités par leurs conseils, de harceler le pouvoir national par leur manœuvres : toutes les occasions étoient saisies avec ha-

bileté , tous les moyens étoient employés avec pré-
cision : leur tactique étoit savante et leurs chefs
s'entendoient. Tantôt on faisoit jouer un seul ressort, et tantôt on en faisoit mouvoir plusieurs à-la-
fois ; mais tout partoit néanmoins d'un même centre
d'action , se dirigeoit dans un même sens et tendoit
vers le même but ; en un mot , rien n'étoit négligé
et tout étoit prévu , calculé , concerté à l'avance ,
pour amener un grand mouvement et une troisième
insurrection , dont le résultat devoit être pour le
moins l'envahissement de l'autorité souveraine et sa
concentration dans les mains de quelques individus
privilégiés , qui s'étoient déja proclamés les amis, les
défenseurs et les conseillers du peuple.

Comme le véritable but de cette faction tyrannique étoit de s'élever sur les ruines de la Représentation populaire par l'avilissement de l'Assemblée
conventionnelle , son principal moyen étoit de la
mettre dans la dépendance de ses propres agens, et
de mettre ces mêmes agens dans l'indépendance de
ses décrets , d'enchaîner le zèle et la voix des Ré-
présentans de la nation , par les huées et les menaces
des employés des tribunes. Ainsi , par exemple , lorsqu'un vil folliculaire calomnioit dans ses feuilles
anarchiques la Convention, dont il étoit membre ;
lorsqu'il appeloit contre elle la violence et l'insur-

rection ; lorsqu'il excitoit à la violation des lois et des propriétés, on s'opposoit en sa faveur à ce que la Convention portât une loi répressive contre les provocateurs au meurtre et au pillage, contre les conseillers du crime et de la rebellion ; on accusoit la Convention de violer le grand principe de la liberté de la presse, de porter atteinte à l'indépendance des opinions, de persécuter les écrivains patriotes : on les déclaroit et ils se disoient eux-mêmes au-dessus de ses décrets. Ainsi par exemple, lors que la volonté particulière de cette minorité connue sous le nom de la Montagne, étoit prête de succomber sous le poids de la volonté générale d'une imposante majorité, alors un signal convenu étoit donné aux présidens des tribunes par les chefs de cette minorité en insurrection, et la volonté vociférante du souverain des tribunes renforçoit aussitôt la voix de la vertueuse minorité qui paralysoit la volonté législative de la nation.

Conjuration contre les lois.

L'intrigue ne manœuvroit pas seulement au sein de la Convention : elle ourdissoit aussi ses trames dans les sections, et la conjuration existoit à la fois au dedans et au dehors. Ainsi, par exemple, lorsqu'il fut question de procéder à de nouvelles élections dans la ville où l'Assemblée conventionnelle tient ses séances, lorsque l'Assemblée conventionnelle décréta que les lois subsistantes seroient suivies pour la forme de ces mêmes élections, on provoqua la résistance formelle des sections à la loi qui proscrivoit le mode d'élection par appel nominal. On s'autorisa du réglement même de la Convention pour légitimer cette résistance et on insista en leur nom pour la révocation du décret qui prescrivoit le mode du scrutin fermé : l'une de ces sections égarée sans doute par les suggestions perfides des agitateurs, porta même l'impudeur et le délire jusqu'à prendre un arrêté qui déclare qu'elle procédera à l'élection du maire par appel nominal et que s'il est rendu un décret contraire, elle se réserve de prendre contre un pareil décret tel arrêté que sa sagesse lui indiquera. On sent parfaitement qu'un tel excès d'audace, une révolte aussi éclatante contre la volonté nationale ne pouvoit être que le résultat d'un complot précédemment formé pour l'anéantir, pour avilir l'autorité du corps représentatif et pour en faire passer l'exercice et les droits dans les mains d'une faction ambitieuse. Le développement historique des faits subséquens et leur connexité avec celui-ci acheveront de déchirer le voile qui la couvroit encore à cette époque et donneront bientôt à cette conjecture toute la force d'une démonstration.

C 4

Les agitateurs n'avoient pas seulement fondé leurs criminelles espérances sur l'insurrection des assemblées électorales de cette commune et la Convention avoit encore à se précautionner contre un nouveau genre d'insurrection, dont les effets combinés avec les mesures anarchiques des sections pouvoient devenir aussi funestes à la liberté publique, que favorables aux prétentions de ses ennemis. D'énormes abus s'étoient introduits dans les travaux du camp dont l'Assemblée législative avoit décrété la formation sous les murs de Paris et l'Assemblé conventionnelle avoit cru devoir rendre un décret qui fixoit le prix de la journée des ouvriers employés à ces travaux : cette circonstance parut précieuse aux anarchistes, et ils en profitèrent ; bientôt de nombreux émissaires se répandent au milieu d'eux ; ils prennent l'accent de l'intérêt et de la commisération ; la cause du mercenaire est défendue avec chaleur ; d'insidieuses motions sont présentées avec succès ; des germes de mécontentement se développent avec violence ; bientôt on est ménacé d'un soulèvement général dans les travaux et l'Assemblée conventionnelle reçoit une pétition par laquelle on lui demande impérieusement le rapport du décret qui fixe le prix des journées. Ces ouvriers lui observent, (ce sont les termes de la pétition) que travaillant aussi pour la patrie, il seroit injuste que

sous le règne de l'égalité il y eût trop de dispropor-
tion entre leurs salaires et celui des fonctionnaires
publics. La Convention reconnoît le piége qui lui
est tendu : elle passe à l'ordre du jour sur cette
pétition, et charge la commission du camp de présenter un projet de proclamation pour éclairer les
ouvriers et pour les mettre en garde contre les manœuvres des agitateurs.

Coup-d'œil sur les sections.

Il paroîtra sans-doute fort étrange ; je dis plus ,
il paroîtra incroyable à tous ceux qui n'ayant point
observé de près la situation de cette grande ville ,
n'ont pu se former une juste idée de sa mesure
d'influence dans les délibérations des sections qui
la composent, que cette commune aussi recomman-
dable par son patriotisme que par ses lumières, et à
laquelle je me plais à rendre la justice qui lui due ,
lors même que j'exerce une censure utile sur ses
torts, ait paru concourir par son silence et son inac-
tion , par l'organe des magistrats qui la gouvernent
ou des citoyens qui délibèrent en son nom , à l'é-
tablissement du systême tyrannique que je dénonce
ici à la France entière , et que la France entière nous
dénonce elle-même depuis long-temps : il paroîtra
incroyable que ce soit dans les propres murs de

cette commune à qui nous devons les bienfaits de
la révolution, et qui lui a fait elle-même de si sublimes sacrifices, qu'ait été conçu, préparé, exécuté,
pour ainsi-dire, le sacrilége projet d'avilir, de violer, d'anéantir la Représentation nationale, pour
élever sur ses débris un pouvoir monstrueux, illé-
gitime et destructif de la souveraineté du peuple.
Il paroîtra incroyable que ce soit de la part des
sections ou des agens de cette commune que nous
sont venus les résistances les plus ouvertes, les entreprises les plus révoltantes, les attaques les plus
audacieuses, les outrages les plus sanglans qu'ait
encore essuyés le corps représentatif depuis l'époque
de sa réunion en Convention nationale. Un tel ac-
cord de mesures et de procédés licencieux, une
telle harmonie de principes et d'opérations anarchiques, étoient-ils donc un pur effet du hasard?
étoient-ils le résultat imprévu d'une aveugle fatalité ? non.

Paris, cette ville superbe, cette fille aînée de la liberté française, et qui avoit préparé la naissance de
la République après avoir renversé la tyrannie cons-
titutionnelle, Paris depuis la révolution du 10 août
avoit lui-même éprouvé une grande révolution dans
le mode de son existence politique. Epuisé par de
longues et perpétuelles agitations, fatigué des se-

cousses violentes et successives qu'il avoit éprouvées dans le court espace de 4 années, Paris ressembloit alors à une mère accablée par les douleurs d'un enfantement laborieux, qui sent le besoin du repos pour réparer ses pertes, et à qui il ne reste plus que la force de considérer avec intérêt l'enfant chéri qui lui doit l'existence et qui attend d'elle sa conservation. Les Parisiens, toujours amis fidèles de la liberté naissante, toujours constans dans leur attachement aux principes républicains, mais épuisés par les sacrifices mêmes qu'ils avoient faits à la chose publique, les Parisiens retirés alors dans leurs maisons, vaquoient à leurs affaires particulières et abandonnoient les sections au petit nombre d'intrigans, d'inconnus, d'étrangers même, qui, dans les grandes révolutions, accourent toujours dans les grandes cités pour y interroger la fortune; parce que leur excessive mobilité, l'affluence des hommes et des choses, la fluctuation des intérêts et des esprits, la fréquence des troubles et des événemens y présentent sans cesse à leur ambition ou à leur cupidité, l'occasion et la facilité de s'avancer, l'espoir et les moyens de s'enrichir. C'étoient là les hommes qui délibéroient sous le nom des Parisiens; qui tenoient le thermomètre de l'opinion dans les sections et qui couverts du manteau de leurs hôtes à qui ils prêtoient leurs vices et dont ils usurpoient les droits, soutenoient la cause des anarchistes qui leur accordoient le pillage, des proscripteurs qui leur promettoient l'impunité et des ambitieux qui leur montroient la fortune.

C'étoit là, c'étoit dans les sections, c'étoit par la main de ces avanturiers que se rédigeoient tous ces arrêtés, toutes ces adresses, toutes ces pétitions où l'ignorance la plus absolue des principes s'unissoit à la plus amère insolence des formes et dont l'excessive absurdité égaloit seule la profonde scélératesse ; c'étoit là, c'étoit dans les sections que les chefs de la faction qui vouloit gouverner l'Assemblée conventionnelle, la commune de Paris et par elle la France entière, trouvoit des motionneurs à robustes poumons et des secrétaires à mains complaisantes, toujours prêts à aboyer ou à griffonner au premier signal du grand régulateur qui leur imprimoit le mouvement et la volonté ; comme les rouages d'une pendule obéissent à l'action du grand ressort qui les gouverne tous ; c'étoit là qu'ils tenoient leurs écoles d'anarchie, leurs bureaux d'intrigue et leur manufacture de libelles diffamatoires, de pétitions extravagantes, et d'arrêtés incendiaires : c'étoit là enfin que s'organisoient les insurrections factices, dont on nous menaçoit à la barre ; que se combinoient les vapeurs électriques qui nous apportoient des orages au sein de nos

travaux ; que s'enflammoient les matières sulphu-
reuses du volcan dont le crater étoit au milieu de
l'Assemblée. Voilà quel étoit alors l'état réel des
sections de Paris , sections dans lesquelles Paris ne
délibéroit pas plus qu'il ne vociféroit dans les tribunes de la Convention. Il n'y a donc plus rien
ici d'incroyable ni d'étrange que le silence seul des
Parisiens ; mais ce silence même étoit moins leur
crime alors qu'il n'étoit celui de leurs tyrans : les
Parisiens en abandonnant leurs sections s'étoient
donné des maîtres ; ils avoient payé leur sommeil
du prix de leur indépendance ; et pour avoir oublié
un instant leur métier de citoyens , ils s'étoient ré-
veillés dans les bras du despotisme. Hommes libres !
souvenez-vous des Parisiens , soyez à votre poste ;
un républicain comme un roi doit mourir debout.

Dilapidations de la commune.

Cependant la commune de Paris, (alors en exercice)
n'avoit pas encore rendu ses comptes ; et cette commune si avide , si empressée d'usurper une puissance et des droits qui ne lui avoient pas été con-
fiés , refusoit de fournir l'état des effets d'or et
d'argent dont elle étoit demeurée dépositaire : de
vives réclamations s'étoient fait entendre à la tri-
bune de le Convention ; de violens soupçons pla-

noient sur la tête de ces magistrats ; une voix dénonciatrice s'étoit élevée pour les accuser : la Convention ouvrit enfin les yeux à la nécessité de s'éclairer sur le sort de ce dépôt et d'obtenir le compte demandé ; elle décréta qu'il seroit nommé six commissaires parmi ses membres, pour recevoir les déclarations des citoyens qui avoient fait entre les mains des membres de la commune de Paris, des dépôts d'argenterie ou autres objets nationaux, et que ce compte seroit rendu public par la voie de l'impression : mais il fut observé sur ce décret que les membres du comité de surveillance de la commune avoient déclaré que, pendant les troubles de la révolution, ils n'avoient pu tenir compte de tous les effets qui leur avoient été remis ; que même une grande quantité de ces effets étoient disparus ; et qu'entre autres, une somme de 111,000 liv. en or avoit été soustraite : déclaration honteuse pour des magistrats du peuple, mais qui jette un jour effrayant sur des événemens qu'on auroit pu regarder comme les effets d'une aveugle fatalité, s'ils n'avoient pas été accompagnés d'énormes dilapidations qui prouvent qu'ils étoient ceux d'un calcul réfléchi. J'ai rappelé les faits ; je laisse les hommes à leurs remords et les livre à la justice de l'opinion publique.

Néanmoins, comme la plupart de nos actions et même les plus grands attentats, sont soumis à un enchaînement de principes et de conséquences dont la connoissance est absolument nécessaire à l'homme public, et l'aide à pénétrer dans les détours du cœur humain, il est une vérité morale sur laquelle j'ai souvent fixé ma pensée, lorsque j'ai voulu considérer la marche tortueuse de l'intrigue et expliquer l'intérêt que mettent certains hommes à lutter sans cesse contre le cours naturel de nos travaux politiques. Cette vérité, je la dois à mes commettans ; je la dois à la rédublique entière ; car elle m'a révélé le secret de ses ennemis et elle est la clef du compte que je me suis proposé de lui rendre : c'est que dans cette révolution, comme dans toutes celles qui ont eu lieu sur la terre depuis l'origine du monde, il s'est rencontré des brigands qui ont pris le masque de la popularité pour dépouiller le peuple même, et qui ont assassiné la liberté sur l'autel de la patrie ; c'est que ces brigands ont un grand intérêt à prolonger le règne de l'anarchie pour voiler leurs brigandages et à s'opposer à l'établissement des lois pour s'asurer l'impunité des crimes ; c'est que l'image sévère de la justice porte sans cesse le trouble au fond de leur cœur, et que sa terrible voîx leur prononce sans cesse sur sentence. Effrayés de trouver en eux-mêmes leur accusateur, leur juge et leur bourreau , ces monstres, déchirés comme Oreste par le fouet vengeur des furies qui les poursuivent , voudroient ensevelir leur honte sous les ruines de leur patrie et trouver le repos sous l'abri d'un trône.

Renouvellement des corps administratifs.

La Convention faisoit route à travers tous ces écueils : toujours à la hauteur de ses devoirs et de sa mission ; toujours dirigée par la boussole du bien public, elle étoit souvent arrêtée par des corsaires , souvent retardée par des vents contraires ; mais elle avoit toujours le port devant elle, toujours l'image de la patrie occupoit son œil et sa pensée. Un devoir pressant lui restoit encore à remplir ; la Convention par son décret du 21 septembre avoit bien mis la république dans la constitution, mais elle ne l'avoit pas mise dans le gouvernement provisoire : elle étoit dans les lois , elle n'étoit ni dans les hommes ni dans les choses : le régime administratif étoit essentiellement vicieux; l'ancien esprit régnoit encore dans l'ordre judiciaire. L'aristocratie et le feuillantisme avoient gangréné une grande partie des membres du corps politique et le tyran constitutionnel avoit conservé par-tout des amis et des partisans secrets de sa liste civile ; un grand nombre de départemens lui avoient fait leur

cour

cour dans les derniers temps : des adresses inciviques, des promesses anti-républicaines lui avoient été faites : déja le peuple avoit retiré sa confiance à ces mandataires équivoques; il falloit donc encore répondre à son vœu, il falloit aussi mettre la république dans le gouvernement, et donner à la loi, si je puis m'exprimer ainsi, une ame et une vie.

La Convention, par son décret du 13 octobre, ordonna qu'il fût procédé au renouvellement de tous les corps administratifs, municipaux et judiciaires, ainsi qu'à celui des commissaires nationaux, accusateurs publics et juges de paix : la faculté de réélire tous ceux des fonctionnaires publics qui avoient justifié sa confiance, fut conservée au peuple. Cette grande mesure étoit d'autant plus nécessaire dans les conjonctures où se trouvoit alors la république, qu'une grande révolution venoit d'abattre le trône constitutionnel rebâti en 1791, sur les débris d'un trône plus ancien; que la conspiration tramée en dernier lieu par le machiavélisme de la cour, contre la liberté française avoit trouvé des complices dans un grand nombre des administrations subsistantes ; et qu'il s'étoit établi une sorte de coalition, de fédéralisme de fait entre plusieurs départemens pour étouffer les germes du républicanisme qui commençoient à se développer par-tout avec énergie; il étoit donc à craindre que cet esprit monarchique ne nuisît à l'établissement du régime républicain, et que l'opinion publique qui se tournoit alors de ce côté, ne vînt à s'altérer ou à se corrompre sous l'influence des opinions particulières de ceux qui tenoient alors les-rênes de l'administration : il étoit à craindre que leur ancien attachement aux intérêts du trône ne vînt à lutter contre les intérêts du peuple, et que les suppôts de la liste civile ne devinssent les avocats du tyran, Ainsi le renouvellement des corps administratifs étoit impérieusement commandé par les circonstances, il étoit rigoureusement exigé par la nature des choses, et la Convention nationale en décrétant cette mesure salutaire, ne fit que déclarer une loi déja portée par la nécessité.

Apparition du général Dumouriez.

Sur ces entrefaites, Dumouriez arrive à Paris, ivre de ses exploits et rempli de ses projets : il est annoncé à la Convention ; il paroît à la barre : il rend un hommage flatteur au sénat français, qu'il appelle dans sa harangue le premier sénat de l'univers et que depuis !!!!! mais alors il n'avoit pas encouru sa disgrace. On lui rend son encens et un combat de politesse s'engage ; il est reçu comme le libérateur des français, il sort couvert de bénédictions : applaudi à la Convention , embrassé aux jacobins, couronné aux spectacles, il se montre par-tout, est fêté par-tout , suivi par-tout du brave général Santerre , et accompagné de ses plus chauds amis dans cette société fameuse où il s'étoit jadis coëffé du bonnet des sans-culottes. Le héros du camp de la lune étoit alors le héros de la révolution : il sembloit porter la république sur ses épaules comme Athlas portoit le monde : c'étoit aux yeux de tous les bons citoyens et même aussi, je crois, à ses propres yeux, le premier homme de l'univers ; le moderne Alexandre en faisoit déja la conquête et dressoit des plans de campagne à perte de vue ; tout fier d'avoir fait la conduite du roi de Prusse (qu'il tenoit, disoit-il , en son pouvoir) et avide de cueillir de nouveaux lauriers , il annonce à tout Paris qu'il va s'emparer de la Belgique et planter l'arbre de la liberté sur les remparts de Bruxelles : il ne prend que le tems nécessaire pour répondre aux caresses de ses nombreux admirateurs, et pour concerter le plan de cette campagne avec le pouvoir exécutif. Le plan est arrêté, il est sûr de son coup, quitte enfin Paris, rejoint l'armée et lève le camp ; il entre dans la Belgique.

Bientôt nous le suivrons sur cette nouvelle scène ; mais avant d'observer la marche rapide et triom-

phale de nos armées dans cette fertile et malheu-
reuse contrée, qu'il nous soit permis en passant,
de jetter un coup-d'œil sur le superbe manifeste
du conquérant des Belges : cette pièce vraiment
historique ne s'éloigne pas de mon sujet, et elle
donne la mesure de l'hypocrisie profonde de son
auteur. Dumouriez commence par rappeller aux
Belges l'inutile et héroïque constance de leurs efforts
pour recouvrer leur indépendance et pour échapper
au joug oppresseur de leurs anciens tyrans ; il dé-
plore l'horrible perfidie des chefs en qui ils avoient
placé leur confiance, et qui ne s'étoient, disoient-ils,
mêlé de leurs affaires que pour embarrasser leur
despote, et pour les livrer ensuite à sa vengeance :
il les plaint enfin d'être victimes de la politique
insidieuse et cruelle de toutes les cours de l'Europe
et particulièrement de celle de France, qui regar-
doit leur liberté comme le dernier coup porté au
despotisme qu'elle vouloit rétablir sur nous-mêmes.
Il falloit, ajoute encore le sycophante, « il falloit
que la France eût triomphé du despotisme en
abattant la royauté ; il falloit qu'établie en république, elle eût triomphé des satellites, des despotes pour
que vous puissiez prendre une entière confiance
dans les armées qu'elle vous envoie. »

Ainsi parloit alors le nouveau Washincheton ; le
héros de la France libre dans son manifeste ; il ter-

mine cette complimenteuse et pathétique déclaration par les propositions les plus séduisantes et les
plus magnifiques, et il se présente, il s'annonce au
peuple belge comme son rédempteur, comme la
divinité tutélaire qui va le tirer de sa longue
oppression, lui apporter le bienfait de la liberté,
se charger du soin de sa vengeance et devenir l'ar-
bitre suprême de son bonheur. Je renonce aux
rapprochemens que cette pièce me fournit ; ils se
feront d'eux-mêmes dans l'esprit du lecteur. Je me
bornerai seulement à cette simple réflexion : c'est
que Dumouriez, comme tous les charlatans qui
commercent aujourd'hui de leur popula-ité, avoit
pris les livrées et les couleurs du plus ardent patriotisme ; c'est que ce Caméléon comme tous les
jongleurs qui portent aujourd'hui son masque et
répètent ses chansons, avoit sû aussi accaparer
l'opinion publique pour la faire servir à ses intérêts
personnels : c'est que comme tous les conspirateurs
qui l'avoient précédé et comme tous les conspirateurs qui lui succèdent et qui lui ressemblent, ce
héros sans-culotte, faisoit très-bien ses affaires, et
qu'il n'aspiroit à devenir l'idole de sa nation que
pour mieux encenser sa fortune : il avoit aussi le
mot de peuple sur la bouche, et le bonnet de la
liberté sur la tête ; il étoit grand révolutionnaire, et
qui plus est jacobin : il ne lui manquoit qu'une

chose pour ne pas usurper notre estime, c'est celle qui manque à beaucoup de ses illustres confrères; c'est la morale, c'est la vertu sans laquelle il n'y a point de vrai patriotisme sur la terre, sans laquelle il n'y a plus que charlatanisme, orgueil, égoïsme et trahison parmi les hommes. Peuple qui voulez être libre et qui voulez toujours adorer des idoles, souvènez-vous de ce dernier mot : vous trouverez encore *des traîtres*

Avis au souverain.

Je sens que je ne suis encore qu'au commencement de ma triste carrière, et que l'espace qui me reste à parcourir est d'une vaste étendue; je remplis une tâche douloureuse pour mon cœur, et c'est l'ame accablée par de cruels pressentimens, c'est au milieu du feu des guerres civiles, que je me vois obligé d'esquisser à la hâte, le sombre tableau de nos dissentions politiques; je dois à mes concitoyens, je dois à mes collègues, l'aveu des motifs personnels qui m'y ont déterminé; je leur dois la confidence de mes sentimens et le secret de ma pensée. Lorsque je pris la plume pour commencer cet écrit, j'avois devant moi l'image déchirante de notre situation; je voyois avec effroi, au milieu de nous, les affreux ravages de la calomnie et le poison moral de la diffamation, prêt à dévorer des noms auxquels j'avois jusqu'alors attaché mon estime ; je me sentois moi-même enveloppé dans l'horrible proscription prononcée contre ces hommes qui ont eu le courage d'être indépendans et libres, d'être fidèles à leurs principes sous le double glaive de l'opinion et de la tyrannie, et cependant en vrai républicain, j'avois aussi dans tous les temps rendu l'hommage solemnel de mon obéissance à l'opinion prédominante de la majorité ; j'avois respectueusement courbé ma tête et ma volonté sous le joug honorable de la loi, sous le juste empire de la volonté générale. D'après une telle conduite, j'avois lieu de présumer, j'avois lieu de croire que mes opinions seroient également respectées ; que ma réputation seroit intacte ; que mon droit à la vie...... Je frémis de le déclarer, car je siège ici comme membre du souverain parmi ses représentans ; mais si la main des assassins s'est arrêtée, si les conspirateurs du 10 mars ont suspendu leurs coups, ma plume du moins ne s'arrêtera pas, mon travail ne sera pas suspendu, que le masque qui les couvre, ne soit arraché de leurs figures et que ma mémoire ne soit à l'abri de leurs poisons : j'abandonne à leurs poignards, une vie qu'ils m'ont rendue pénible, que je destinois à la liberté de mon pays, qui ne fut employée que pour sa défense et qui doit en effet me quitter avec elle ; il est justé que celui qui ne respira que pour son bonheur, qui n'encensa jamais d'autre idole et qui lui sacrifia les années de sa jeunesse, ne soit pas aussi le témoin de son infortune. J'ai payé mon tribut à la révolution, j'ai émis mon vœu pour la république, j'ai consacré ma plume à la liberté ; je l'ai servie du seul moyen que m'a donné la nature, mais je l'ai servie de toutes les forces de mon ame ; j'ai rempli ma tâche d'homme et mes devoirs de citoyen : j'ai assez vécu si elle doit triompher : j'ai trop vécu si elle doit périr ; un ami de l'humanité ne doit pas survivre à sa gloire, il doit être frappé du coup que lui préparent ses tyrans ; il doit expirer sur le sein de sa patrie : je les attends.

Fin de la première partie.

www.ingramcontent.com/pod-product-compliance
Lightning Source LLC
Chambersburg PA
CBHW051639060726
47597CB00004B/1631